A Última Entrevista de José Saramago

A Última Entrevista de José Saramago

Rio de Janeiro

Usina de Letras

Vermelho Marinho

2010

Título Original:
A Última Entrevista de José Saramago

Editor-chefe:
Tomaz Adour

Editoração Eletrônica:
Bernardo Franco

Capa:
Eduardo Nunes

Usina de Letras
Rua Conde de Irajá, 90 - Botafogo - (021) 2539-7909
Rio de Janeiro - RJ - CEP: 22271-020
SCS Quadra 01 Bloco E - Ed. Ceará sala 809
Brasília - DF - CEP: 70303-900
www.editorausinadeletras.com.br

"Mesmo que a rota da minha vida
me conduza a uma estrela,
nem por isso fui dispensado de percorrer
os caminhos do mundo."

José Saramago

O ano da morte de José Saramago

No céu.

É lá que conheço José Saramago.

Num dia de dezembro de 1998 voamos juntos para Estocolmo, onde ele vai receber daí a uns dias o Prêmio Nobel da Literatura. Para chegar ao destino, apanhamos na verdade dois voos. Não trocamos palavra no primeiro, até Londres, uma vez que o avião vai cheio e ele segue em executiva, privilégio dos laureados; mas o segundo aparelho, que faz a ligação até à capital sueca, encontra-se vazio.

Aproximo-me dele. A primeira impressão é a de estar perante uma pessoa entregue aos seus pensamentos. José Saramago senta-se sozinho num assento dianteiro, do lado direito. Parece-me uma pessoa contemplativa e introspectiva; fala pouco e não olha para nada em especial, a não ser decerto para o que lhe vai pela cabeça.

Com algum descaramento, pouso-lhe no regaço uns seis livros. O olhar contrai-se-lhe, como se regressasse de uma longa viagem mental.

Será que mos pode autografar?

Olha para os volumes e, gesto automático de quem está habituado àquele cerimonial, retira uma caneta do bolso.

"Com certeza", diz, abrindo o exemplar do topo. "Como são muitos livros, vou fazer dedicatória apenas no primeiro, está bem? Nos outros ponho só a assinatura."

Parece-me boa ideia.

Passado um pouco, chamo o meu repórter de imagem e gravo uma curta entrevista com o escritor. A mulher está do lado esquerdo a rabiscar umas notas, a luz de leitura a incidir-lhe na folha. Pilar del Río é uma espanhola comunicativa e afável, bem mais palradora do que o marido. Vendo o meu olhar descair para o que fazia, ergue a cabeça e sorri.

"Estou a traduzir em castelhano o discurso que José vai fazer em Estocolmo."

A sério?, admiro-me, a curiosidade espicaçada. Esse é o discurso de aceitação do prêmio? Podemos filmá-lo?

"Não, não, não!", atalha de imediato José Saramago, alarmado perante a perspectiva. "O discurso só será conhecido no dia da entrega do prêmio!"

Mas eu não vou revelar o que está lá escrito, explico-lhe. Só quero imagens dos papéis onde está o discurso escrito, mais nada.

"Não pode ser!", insiste Saramago. "Pelas imagens, as pessoas poderão ler trechos e eu não quero!"

"Então filmo à distância", contraponho. "Ver-se-á apenas o discurso ao longe."

Pilar lança um olhar ao marido, procurando tranquilizá-lo.

"*Escucha, José*", diz com voz macia. "Se ele filmar à distância, não há problema nenhum."

Perante a intervenção da mulher, Saramago reconsidera e fazemos a filmagem do modo combinado.

Depois, falamos um pouco, mas com o tempo perco a memória do que foi dito – tudo isto aconteceu em 1998. Retenho porém a impressão de um conjunto de eventos em torno da atribuição do grande prêmio. Lembro-me da confusão na aterragem na Suécia, um comitê sueco a fazer a recepção ao laureado, eu à procura do carro com a mesa de montagem para montar a reportagem e enviá-la de imediato para Lisboa, José Saramago a multiplicar-se em entrevistas numa sala do aeroporto de Estocolmo.

Fazia frio na Suécia. A cidade estava coberta de neve e as horas de luz solar eram incrivelmente curtas. Filmamos nos dias seguintes às visitas de José Saramago a diversos locais em Estocolmo e uma batalha de bolas de neve que ele travou com a mulher diante do Grand Hotel. O escritor, um homem alto e de uma magreza seca, confirmou-se nessas ocasiões uma pessoa reservada e austera. À noite recolhia-se cedo ao quarto, deixando por vezes Pilar conosco no bar, à conversa. Acompanhamos ainda o encontro do casal com os reis da Suécia no palácio real, o jantar em casa do embaixador português em Estocolmo com o presidente da República, a cerimônia da entrega dos prêmios Nobel no Auditório Municipal, o jantar e o discurso no grande salão da Câmara Municipal.

E o resto da memória esfuma-se na neblina glacial desse inverno na Suécia.

Voltei a encontrar Saramago no ano seguinte, quando lançou o seu primeiro romance pós-Nobel, *A Caverna*. Veio ao estúdio dar-me uma interessante entrevista direta para o Telejornal, da qual retive uma frase que ainda me faz companhia: "Os meus livros não têm finais felizes porque a vida também não os tem." Muito verdadeiro.

Depois disso, só o acompanhei à distância.

Até agora.

Volvidos onze anos, vejo José Saramago aparecer na ombreira da porta da biblioteca do Palácio Galveias, em Lisboa, amparado pela mulher. Caminha com dificuldade e tem as peles chupadas e o rosto ossudo. Impressiona a mudança, resultado de uma pneumonia que o colheu no ano anterior e o atirou para as portas da morte. Recuperou, mas é manifesto que a doença o deixou muito debilitado.

"Como vai, meu caro José Rodrigues dos Santos?", cumprimenta-me com um aperto de mão fraco.

Entra na sala da biblioteca e hesita, sem saber para onde se dirigir.

É melhor sentar-se ali, indico-lhe, apontando para a cadeira onde será entrevistado.

O escritor pousa os olhos na cadeira de madeira, antiga e com ar duro e desconfortável, e torce os lábios.

"Será que me podem arranjar uma almofada?"

Instala-se no assento e é de imediato maquiado. A escolha daquela biblioteca para a entrevista foi dele, o que me suscita admiração. Por quê o Palácio Galveias?

"Foi nesta biblioteca que descobri a literatura", revela-me. "A minha família era muito pobre e não havia livros lá em casa, de maneira que, quando eu tinha os meus 17 ou 18 anos, descobri esta biblioteca e vinha para aqui ler sem que ninguém me guiasse na leitura. Descobri a literatura sozinho."

Tem o ar cansado e a voz tênue, respeitando amiúde pausas para respirar. Sei que tem andado numa roda-viva nos últimos tempos, atarefado com o lançamento do seu romance *Caim* e envolvido numa polêmica por ter declarado, dias antes, que "a Bíblia é um manual de maus costumes".

Confesso que não entendo a polêmica, digo-lhe com sinceridade. É preciso ler o seu livro para perceber as suas declarações sobre o Antigo Testamento.

"Pois é", concorda. "Nunca vi tanta gente a criticar um livro que ainda nem sequer foi posto à venda."

Parece-me abatido com as críticas e sinto-me na obrigação de lhe dar algum alento, até porque a controvérsia é realmente absurda.

Bem, sempre há um lado positivo nessa polêmica, digo-lhe num esforço bem-intencionado para o reconfortar. O livro agora deve vender-se melhor, não é?

Saramago encolhe os ombros, quase indiferente.

"Isso não é importante", desabafa. "Um livro deve vender-se pelo que vale intrinsecamente, não pelas polêmicas que suscita."

Parece-me difícil discordar da ideia.

Impressionado com o seu ar cansado, ocorre-me uma coisa que outro laureado com o Nobel me observara recentemente.

O Günter Grass disse-me que ter ganho o Nobel foi como ter arranjado um novo emprego, gracejo.

Saramago reflete em torno dessa observação.

"Com o Nobel não arranjei um novo emprego", comenta. "Arranjei foi um monte de chatices e de trabalho."

Explico-lhe então o conceito da entrevista, indicando-lhe que a ideia não é concentrar a conversa num livro específico, mas abordar a sua obra em geral.

"Já era tempo!", suspira.

Pilar aproxima-se e mete-se na conversa, tão simpática e comunicativa como quando a conheci no avião a caminho de Estocolmo.

"Temos lá em casa os teus livros", diz-me ela. "Esqueci-me de os trazer. Mas José não anda a ler nada. Por causa da doença que apanhou, os livros novos amontoam-se lá na sala e ele nem toca neles."

O marido assente com a cabeça.

"A doença foi muito complicada", recorda. "A certa altura, já nem sabia onde estava nem a quantas andava. Nem sequer tinha consciência do que se passava. Foi realmente difícil."

Pormenor interessante no diálogo deste casal: ela fala-lhe em espanhol e ele responde-lhe em português. Mas o tema da conversa torna-se um pouco pesado e, para aligeirar e fugir às maleitas, procuro desviar a atenção para assuntos mais leves. A minha mulher tinha vindo ver a entrevista e aproxima-se de nós. Põe-se à conversa com Pilar e vão as duas sentar-se lá atrás, deixando-me a sós com José Saramago.

"Já vi que anda atarefado com a campanha de promoção do *Caim*", digo-lhe. "Quando acabar, para onde vai?"

"Fico por cá mais uns dias e depois vou a Madrid lançar o livro em espanhol. Aproveito e dou um salto ao médico para fazer uns exames.

Quando isso estiver concluído, regresso a casa, em Lanzarote."

Faz-se uma breve pausa e ouve-se a voz de Pilar lá atrás.

"Tens a certeza do que dizes?"

José Saramago arregala os olhos, surpreendido com a pergunta.

"Como?"

"Tens a certeza do que dizes?"

O escritor fica baralhado.

"Vou a mais algum lado?", admira-se. "Que eu saiba, não está previsto mais nada, pois não?"

"Ainda voltas a Lisboa", diz ela.

"Eu? Volto a Lisboa? Para quê?" Deixa a pergunta no ar e Pilar não responde. "Eu vou onde tiver de ir, claro, mas que eu saiba, não há necessidade nenhuma de cá voltar. Ou há?"

"Temos a sessão do lançamento de *Caim* em Lisboa", esclarece ela por fim.

"Ah, bom!"

"Também é certo que,

se continuei a escrever, foi porque, pelo

menos penso eu, tinha alguma coisa

para dizer."

"Uma história bem construída é indispensável;

aquilo tem de estar estruturado,

tem de manter-se

de pé."

"No meu caso,

nos meus livros, nem sequer me atreveria

a chamar à vírgula e ao ponto

sinais de pontuação."

A última grande entrevista

J.R.S. – José Saramago foi o primeiro escritor de língua portuguesa a ganhar o Prêmio Nobel da Literatura. Nasceu em Portugal, e só tardiamente se tornou escritor. É certo que escreveu o seu primeiro romance em 1947, mas esperou até 1966 para retomar a escrita publicada. O seu primeiro grande êxito foi *Memorial do Convento*, seguindo-se um conjunto de obras que, em 1998, lhe valeram o Prêmio Nobel da Literatura. Olá, José Saramago.

Saramago – *Olá, José Rodrigues dos Santos.*

J.R.S. – O senhor tornou-se escritor tardiamente. Por quê?

Saramago – *Isso ninguém sabe – nem eu, nem eu! É certo que, em 1947, escrevi, e não só escrevi como dupliquei o pecado publicando...*

J.R.S. – ... ainda por cima uma obra chamada *Terra do Pecado.*

Saramago – Terra do Pecado, *que devia chamar-se* A Viúva, *mas o editor – que era o velho Manuel Rodrigues, da Editorial Minerva – achou que o título era pouco comercial. Num certo ponto ele tinha razão, porque nessa idade e nesse tempo eu de viúvas sabia pouco, claro; ou dos movimentos da alma e do corpo de uma viúva, sabia pouco ou mesmo nada. Escrevi um outro romance, chamado* Claraboia, *que ficou inédito e que inédito se conservará enquanto eu viva – depois façam o que quiserem, já cá não estarei, já não me importa. E até 1966, nada. Não é que não tivesse ido escrevendo alguma coisa, mas nada com a intenção de publicar, nem pensar nisso. Em 1966 publico um livro de poemas, em 1970 publico outro, tudo isto assim de uma maneira descomprometida com a ideia de uma car-*

reira, que aliás também nunca tive. Até que, em 1977, publico um livro que eu considero importante – e não sou o único que assim o considera –, que é o Manual de Caligrafia, *seguido de um livro de contos, o* Objeto Quase. *Em 1980 o* Levantado do Chão, *que é mais importante do que aquilo que se pensa, porque as pessoas apontam imediatamente ao* Memorial.

J.R.S. – O grande reconhecimento público é com o *Memorial do Convento.*

Saramago – *Pois claro, é o reconhecimento internacional.*

J.R.S. – Agora, para si, o mais importante até pode ter sido outro livro.

Saramago – *Há um outro livro que, no fundo, é parente direto do* Memorial *e do* Levantado do Chão, *mas talvez mais do* Memorial, *que é a* Viagem a Portugal. *Esse livro de viagens, que parece ser só isso, não podia ter sido escrito noutra altura nem ter outros companheiros de viagem que não fossem aqueles.*

J.R.S. – Mas deixe-me só perceber isto: tinha a sua atividade profissional normal e, em paralelo, ia escrevendo livros. Houve algum acontecimento marcante que o tivesse tornado efetivamente um escritor profissional?

Saramago – *Não.*

J.R.S. – Foi um processo?

Saramago – *Aquilo a que se chama acontecimentos marcantes, como a atribuição de uma bolsa que me permitisse consagrar-me à escrita, não houve. Eu creio que tinha de amadurecer, amadurecer até ao ponto, não direi ótimo, mas ao ponto suficiente. De fato, o* Levantado do Chão *é o livro decisivo: é o livro onde se define o estilo e o modo de observar – que depois se amplia, do ponto de vista também histórico, com o* Memorial do Convento. *Agora se você me pergunta porque aconteceu isso – francamente, não sei.*

J.R.S. – Foram as circunstâncias que o puseram onde está?

Saramago – *Foram as circunstâncias e depois a descoberta, isso sim importantíssima, que ocorreu quando me confrontei com a evidência de que tinha leitores. E creio que os leitores tiveram uma parte importante no fato de eu continuar a escrever. Também é certo que, se continuei a escrever, foi porque, pelo menos penso eu, tinha alguma coisa para dizer.*

J.R.S. – Há uma faceta da sua escrita que é pouco explorada nas conversas que tiveram consigo, que é a questão da tradução – um tradutor é também, de certo modo, um escritor. E o senhor traduziu mais de sessenta obras. Escrever a ficção dos outros ajudou-o a tornar-se melhor escritor?

Saramago – *Não, não ajuda nada! Ou tens a tua própria voz ou então não é porque durante um tempo estás ocupado com uma voz alheia, o tempo que dura uma tradução, que te vai influenciar. Não, não é. Pode admirar aquilo que esteja a traduzir: o texto, o romance, o conto ou o que quer que seja. Mas não ao ponto de dizer: vou fazer disto o meu modelo. Isso nunca me aconteceu.*

J.R.S. – Quando estamos a ler uma obra traduzida, estamos a ler o autor ou o tradutor?

Saramago – *Eu creio que antes que chegue a essa tradução, já houve outra que é a do próprio autor. O autor é um tradutor.*

J.R.S. – Em que sentido?

Saramago – *Em que sentido? É alguém que traduz um sistema de sinais: emoções, pensamentos, sonhos, devaneios. Isso é um trabalho de tradução, porque tudo isso constitui uma linguagem que, se não encontrar uma forma comunicável de transmitir, fica cá dentro da cabeça de cada um de nós.*

J.R.S. – No fundo vê-se como um pintor que observa a realidade e depois a traduz com o seu olhar?

Saramago – *Exatamente! O autor é um tradutor. O autor é o primeiro tradutor da sua obra.*

J.R.S. – Como escritor, nota-se que gosta de testar a sociedade em situações-limite: por exemplo, uma história sobre uma epidemia de cegueira – como fez no *Ensaio sobre a Cegueira* – ou a greve da morte – com *As Intermitências da Morte* – ou uma epidemia de voto em branco – no *Ensaio sobre a Lucidez*. Enfim, há uma série de situações-limite que ensaia. Por quê esse gosto em ir por aí?

Saramago – *Creio que seria incapaz de contar uma história corrente de uma família que tem os seus problemas, que os resolve ou não, que tem contradições, conflitos internos e tudo isso – seria inca-*

paz de contar uma história dessas. Repare que uma grandíssima parte da literatura universal se fez com essas histórias, não é? O século XIX *é no fundo feito de histórias de famílias, e até mesmo o próprio século* XX. *Mas eu necessito que se me apresente uma ideia, a que eu não chame provocadora – porque penso que é uma palavra um pouco infeliz –, mas uma ideia que ponha cá fora alguma preocupação minha, mesmo que eu não esteja muito consciente dela. De repente proponho ao leitor um pacto: você aceita o que eu lhe proponho...*

J.R.S. – Normalmente, o que propõe é uma hipótese de ruptura com a ordem estabelecida.

Saramago – *Exato. Por exemplo, em* A Jangada de Pedra *proponho-lhe uma ideia que é a da separação física da Península Ibérica, mas com uma promessa minha: a partir desse momento – que você deve aceitar, ou não; se não quiser aceitar, não aceita, acabou –, garanto-lhe que o livro será de uma lógica que não quero dizer impecável, mas sem grandes fraturas. No caso de* As Intermitências da Morte, *a Morte deixa de matar; quais são as consequências?*

J.R.S. – Portanto, a partir de um ponto de partida inverossímil, cria uma situação que depois é verossímil nas suas consequências.

Saramago – *Exatamente, exatamente! Você definiu isso muito bem!*

J.R.S. – Uma das coisas de que toda a gente fala, e penso que já lhe fizeram muitas perguntas sobre isso, tem a ver com o fato de escrever com muitas vírgulas, e, agora, até começou a escrever sem maiúsculas nos nomes próprios. Isso é para criar um estilo original que o diferencie dos outros escritores?

Saramago – *Não, não, nunca pensei nisso nesses termos. Não sei se são muitas vírgulas – creio que são as necessárias. Mas, com muitas ou as indispensáveis, há uma razão básica que é uma tentativa, talvez nem sempre lograda, de aproximação do dis-*

curso escrito ao discurso oral. Repare que quando não usar outros sinais de pontuação – a interrogação, a exclamação, as reticências – o travessão, o famoso travessão que parece que nos acompanha de cada vez que estamos a conversar uns com os outros, parece que há um travessão invisível que se mete aí. Confio na sensibilidade do leitor. O livro de alguma maneira é-lhe entregue inacabado, nesse particular. Mas há alguma coisa que para mim é fundamental: repare, nós falamos como quem faz música; toda a fala e toda a música se constrói com sons e pausas. No meu caso, nos meus livros, nem sequer me atreveria a chamar à vírgula e ao ponto sinais de pontuação. Chamo-lhes sinais de pausa: uma pausa breve e uma pausa mais longa – como se fosse música, digamos assim.

J.R.S. – Mas obviamente que a sua forma de escrita viola um pouco a gramática estabelecida. Que exemplo pode extrair um aluno, que está na escola e a quem lhe é apontado um texto do primeiro Prêmio Nobel da Literatura de língua portuguesa, e que viola a escrita, as regras da gramática que lhe estão a ensinar na escola?

Saramago – *Não, mas repare, as regras da gramática, creio que não violo nenhuma.*

J.R.S. – Enfim, a ortografia: usar nomes próprios com minúsculas...?

Saramago – *Não violo a sintaxe – abuso às vezes um pouco dela, isso é certo. A minha fundação organizou uma sessão sobre o José Rodrigues Miguéis e falou-se muito da* Escola do Paraíso; *eu em certa altura intervim para dizer que francamente acho que a leitura obrigatória para o 12º ano não deveria ser o* Memorial do Convento, *que levanta uma infinidade de problemas para os quais os alunos com essa idade não estão nada preparados. É melhor dar-lhes um bom livro, um excelente livro, um admirável livro que é* A Escola do Paraíso, *onde se fala de coisas mais próximas deles e com uma linguagem que não levanta os atritos que o* Memorial do Convento *levanta. Enfim, não fui eu que escolhi o livro, mas digo com toda a franqueza e sem nenhuma atitude de* mea culpa, *que não tenho, que a* Escola do Paraíso *devia lá estar.*

J.R.S. – O que é mais importante para si: o estilo da escrita ou a história que conta?

Saramago – *Para mim o mais importante de tudo é a linguagem.*

J.R.S. – Mais do que a história?

Saramago – *Mais do que a história, infinitamente mais do que a história. Uma história bem construída é indispensável; aquilo tem de estar estruturado, tem de manter-se de pé. Mas eu costumo dizer que, da mesma maneira que o corpo humano tem setenta por cento de água, a literatura é setenta por cento de linguagem. E talvez durante a minha vida de escritor não tenha tido consciência disso, embora de alguma forma o estivesse praticando. Mas nos últimos tempos tornei-me consciente disso: o fundamental é a linguagem.*

J.R.S. – Em *O Ano da Morte de Ricardo Reis*, Ricardo Reis, no início do livro, está a ler uma obra intitulada *The God of the Labyrinth*, de Herbert Quain, um livro que não existe e que foi inventado por Jorge Luis Borges nas *Ficciones*. Considera que os seus romances, com o uso do fantástico, são um pouco borgianos?

Saramago – *Há alguns aspectos, não tanto no fantástico mas numa espécie de tendência ao paradoxo, que se encontram constantemente na obra do*

Borges e que eu tenho também – guardadas as devidas distâncias, claro.

J.R.S. – O que é para si um bom romance?

Saramago – *Um bom romance?! Embora isto possa parecer um pouco pretensioso, eu estou por aquilo que foi dito por Kafka: o romance deve ser uma acha capaz de romper o mar gelado da nossa consciência. E eu, mais ou menos, acrescentava isto: se não for assim, não vale a pena. Claro que isto é demasiado radical e nem tenho a certeza que ele o tenha dito.*

J.R.S. – Mas, se não o disse, soa bem.

Saramago – *Se não o disse, soa bem... Eu creio que sim, isso para mim foi fundamental. Não sou muito de abandonar a leitura de livros a meio. Em geral, até tenho essa superstição de que o livro deve ser lido até ao fim, mesmo que não seja excepcionalmente bom. Sempre se está anunciando a morte do romance, o próprio Harold Bloom considera o romance uma espécie em vias de extinção. Não estou de acordo porque, se fizermos uma leitura daquilo que se vai fazendo não só aqui como noutros países, o romance abriu-se, deixou de estar preocupado com a história mais ou menos verossímil. E abriu-se a quê? Abriu-se à poesia, abriu-se ao drama, abriu-se ao ensaio, abriu-se à filosofia. Em minha opinião, o romance – de acordo com as transformações por que passou recentemente e continua a passar – dei-*

xou de ser um gênero para se transformar num espaço literário.

J.R.S. – Reinventou-se.

Saramago – *Sim, de certo modo. Deixou de ser um gênero classificado e dando a ideia de que fica definido para todo o resto do tempo. Não: modificou-se, alterou-se, encontrou, por instinto ou fosse porque fosse, portas de entrada. No fundo, para lhe dar uma imagem, é como se o romance fosse o mar e recebesse água dos seus afluentes, e que esses afluentes fossem, como eu digo, a poesia, o drama, o ensaio, a filosofia, tudo isso. O romance tornou-se outra coisa.*

J.R.S. – Como é o seu processo criativo? Tem toda a história na cabeça, incluindo o final, ou vai inventando à medida que escreve?

Saramago – *Normalmente o que acontece é que tenho muito claro o princípio e muito claro o final. Ainda lá não cheguei e já está claro. Eu sabia como acabaria o* Caim, *sei como acabará o livro que neste momento estou a escrever, e o que costumo dizer é que um romance meu, maior ou mais pequeno, no fundo cresce como uma árvore. Uma árvore, segundo a espécie a que pertence, tem um limite: chega a uma certa altura do crescimento e para, fica ali. Nós temos defronte da nossa casa em Lisboa um plátano que tem trinta metros de altura e que é uma maravilha da natureza, mas já não crescerá mais, fi-*

cou assim. E para mim o romance é isso: chega o momento em que o romance decide acabar e não vale a pena prolongá-lo; ou sim, vale, claro que cada um faz o seu trabalho como melhor entende, mas para mim chegou ali. Este livro, o Caim, *podia ter mais três ou quatro episódios igualmente chocantes da* Bíblia, *ou não, mas considerei que não. Já tinha o que eu precisava, já tinha mais do que bastante, talvez. E aí está.*

J.R.S. – Então falemos sobre o *Caim*. É um livro que suscitou polêmica antes de ser publicado. Devo dizer que o li, devo ter sido das primeiras pessoas a lê-lo, e confesso que depois de o ler também não percebo, acho que não teria havido polêmica se as pessoas tivessem lido primeiro. No entanto, há aqui algumas coisas que merecem, talvez, algumas questões. Neste livro chama a Deus, na página 82, «filho da puta»; na página 85, «rancoroso»; «cruel», na página 86; «invejoso», na 90; «maldoso», na 106 e na 136; e «louco», na 136. Não acha que se excedeu um pouco nos insultos? É verdade que estas citações estão fora do contexto, mas mesmo no contexto não acha que isto pode resultar um pouco gratuito?

Saramago – *Gratuito não. Quer dizer, tirando o "filho da puta", que realmente podia não ter escrito, porque nem sequer pode ser filho da puta, não pode. Deus não tem mãe nem pai, nem tem nada disso.*

J.R.S. – Ao que saibamos.

Saramago – *Aí, talvez, enfim, reconheço que posso ter-me excedido. Agora no resto?! Rancoroso? Francamente! Implacável? Cruel? É-o em cada página! Para não confundir as coisas, o Novo Testamento, neste particular, não tem nada que ver com o Antigo Testamento. A Bíblia Sagrada é o conjunto dos dois chamados testamentos, o antigo e novo. No Novo Testamento aquilo que Jesus faz, pela sua ação e pela sua pregação, no fundo é inventar outro Deus, é colocar sobre o Deus do Gênesis ou do Pentateuco outro Deus. Durante o tempo real e o tempo literário, nunca Deus no Antigo Testamento se mostra compassivo.*

J.R.S. – Aliás, a mensagem do Antigo Testamento é «Temei a Deus!» E é no Novo Testamento que vem o «Amar Deus», a nova mensagem de Jesus.

Saramago – *Exatamente! E isso é obra de Jesus, que não foi alimentado espiritualmente por um Novo Testamento que não estava escrito. Sendo um judeu, foi alimentado espiritualmente pelo Antigo Testamento, mas soube criar outro Deus praticamente do nada – Deus esse que também o condenou à morte. Enfim, vá lá,* rien est parfait.

J.R.S. – Lidou com o Antigo Testamento em *Caim*, com o Novo Testamento em *O Evangelho segundo Jesus Cristo*. Quando vai tratar do Alcorão?

Saramago – *Não tratarei do Alcorão porque o Alcorão não teve, nem tem, nem terá qualquer influência na minha pessoa. Agora que eu, ainda que ateu, estou empapado em cristianismo, estou – como está você, como está qualquer outra pessoa.*

J.R.S. – Em *As Intermitências da Morte*, na página 22, diz um cardeal sobre a Igreja: «Desde o princípio que nós não temos feito outra coisa que contradizer a realidade.» Não acha que a mesma frase se poderia aplicar ao comunismo?

Saramago – *Bom, se você promove o comunismo à categoria de religião...*

J.R.S. – Mas é um sistema de pensamento que por vezes tem certas semelhanças.

Saramago – *Não, não tem qualquer tipo de semelhança.*

J.R.S. – Também tem um livro fundador, a sua bíblia…

Saramago – *Não, não! Um livro fundador, vamos lá ver, um livro fundador que nunca foi considerado…*

J.R.S. – … os seus profetas, os seus dogmas…

Saramago – *...um livro sagrado, que não foi inspirado pela divindade, e você sabe que essas religiões, o islamismo e o cristianismo, se chamam religiões reveladas, quer dizer, o homem foi um mero transmissor do pensamento e dos desejos e da vontade de um Deus que lhe ditou aqueles textos. Não podemos comparar. O comunismo é uma obra humana.*

J.R.S. – Mas a minha pergunta é esta: quando tem um cardeal a dizer sobre a Igreja que «desde o princípio que nós não temos feito outra coisa que contradizer a realidade», se não acha que isso também se pode aplicar ao comunismo, independentemente de o comunismo ser ou não ser uma religião – que obviamente não é?

Saramago – *Não, não! Há aí uma grande diferença: é que a Igreja não fez outra coisa senão contradizer a realidade, e o comunismo pretendeu, e falhou, mudar a realidade, transformá-la. Transformá-la, não contradizê-la! Transformá-la! Completamente diferente, não tem nada que ver uma coisa com outra, meu caro!*

J.R.S. – Acha que em algum país alguma vez se conseguiu fazer algo próximo do comunismo?

Saramago – *Não, não, não!*

J.R.S. – E do seu ponto de vista, isso deve-se a quê? À falha dos homens ou à falha na doutrina?

Saramago – *A falha da doutrina? As falhas da doutrina demonstram-se com a realidade. A realidade demonstra se sim ou não há falhas na doutrina. Agora eu tenho dito algumas vezes que para mim a palavra mais importante é a palavra «não», é aquele que se opõe. De uma certa maneira é algo demoníaco, uma vez que o que se diz é que Satã é o espírito que nega. Pois eu considero que a palavra «não» é a mais importante. E, por exemplo, no campo social, uma revolução é um «não». É um «não». Um «não» resulta de um* statu quo ante *que estava ali e que é confrontado com o aparecimento de um pensamento, de uma ação, de uma revolução:* não. *O mal é que o novo* não, *o* não *que conquistou, chamemos-lhe assim, se vai corrompendo até se transformar num novo* sim, *num outro* sim, *um* sim *diferente, com novas culpas, com novos erros, até que seria necessário opor-lhe outro* não. *E isso tem sido geral, não há exceções. Que eu esteja a defender a tese da revolução contínua? Não! Efetivamente não estou, não valho tanto que me atreva a dizer isso. Agora que as coisas são assim, são.*

J.R.S. – Depois de escrever *As Intermitências da Morte*, apanhou uma pneumonia e esteve às portas da morte...

Saramago – *Da dita...*

J.R.S. – ...curiosamente, o tema do livro que tinha escrito anteriormente. E reza assim a dedicatória que escreveu no livro seguinte, *A Viagem do*

Elefante: «A Pilar, que não deixou que eu morresse.» O que recorda dessa viagem até junto da morte?

Saramago – *Não é fácil, porque o estado de consciência em que uma pessoa se encontra não lhe permite analisar, registrar, guardar na memória. Vai vivendo cada hora como pode, mas enfim... O que me sucedeu? Sucederam-me várias coisas: o estado em que me encontrava era gravíssimo, do ponto de vista do funcionamento do corpo. Cheguei a ter quase, quase ou mesmo, uma paragem, uma suspensão das funções vitais, que podia levar-me em cinco minutos já à morte, que conseguiu controlar-se e dominar, mas, quer dizer, há coisas que eu penso que foram consequência dessa doença. Se eu lhe disser que, com os olhos abertos, olhava uma parede e via quatro pontos luminosos, desenhando um paralelogramo irregular – não um trapézio mas um paralelogramo, que também é um trapézio, evidentemente – e estava a observar com os olhos abertos esses quatro pontos e que isso não era sonho – embora possa também ter sonhado. Mas o importante é que vi.*

J.R.S. – Ficou registrado na sua memória.

Saramago – *Vi quatro pontos e, para mim, esses quatro pontos eram muito simplesmente* eu. *E vim a saber que não eram porque eu estava naquela cama e, portanto, eu era aquele. Agora, não posso explicar o que estava a passar-se na minha cabeça para achar que os quatro pontos eram eu. Outro efeito, e esse mais produtivo talvez, foi que nós usamos a linguagem – voltamos à questão da linguagem – de formas diferentes, segundo os tempos, e cada uso, em cada momento, em cada época, em cada idade, no fundo é um processo de sedimentação de linguagens. A linguagem que eu falava quando era menino não tem nada que ver com a minha linguagem de hoje, mas eu descobri que estava cá, e não estava só ela, estavam as seguintes. E creio que a doença transtornou esta ordem que parecia definitiva – sedimento antigo, sedimento menos antigo – até ao dia de hoje, deu a volta a tudo isto. E isso levou-me a surpreender-me com a mudança de estilo, o aparecimento de palavras que não eram novas, porque eram minhas e desde sempre as conheci – embora não as recordasse nem as utilizasse. Houve uma es-*

pécie de terremoto, de sismo, que subverteu essa ordem que parecia destinada a fixar-se até ao fim dos meus dias.

J.R.S. – José Saramago, muito obrigado.

Saramago – *Muito obrigado, meu caro José Rodrigues dos Santos.*

Nota final

José Saramago morreu em Lanzarote, oito meses depois desta conversa. A entrevista tornou-se assim o derradeiro, e por isso mais completo, testemunho que o primeiro Prêmio Nobel da língua portuguesa prestou sobre a sua obra, a literatura, a vida, o mundo e a morte.

Quando me concedeu autorização para publicar esta entrevista em livro, Saramago efetuou, por insistência minha, uma leitura prévia ao texto para eventuais correções. Tanto eu como a mulher, Pilar del Rio, tínhamos plena consciência da necessidade dessa revisão, uma vez que, no improviso do discurso oral, por vezes cometemos pequenas imprecisões ou erros gramaticais ou de estilo que, numa versão escrita, importa retificar. Daí a nossa insistência na revisão.

José Saramago leu, mas pouco alterou. Pediu apenas para se eliminarem uns quantos "eu" que, no discurso improvisado, tendem a assomar com desagradável abundância, e mais uns pequenos detalhes de somenos gravidade. Dentro desses detalhes, porém, um houve que me chamou a atenção.

A meio da entrevista gravada, o escritor disse a certa altura que "nós temos defronte da nossa casa um plátano". Como Saramago vivia em Lanzarote, presumi de imediato que ele se estaria a referir à sua casa nessa ilha atlântica. Porém, quando releu o texto para efeitos de revisão, o autor acrescentou duas palavras à frase, de modo a deixar o texto assim: "nós temos defronte da nossa casa em Lisboa um plátano".

Como parece evidente, não foi inocente esta clarificação. É que a primeira versão continha aquilo que em linguagem freudiana se chama "um ato falho". O que esse lapso me revelou foi que José Saramago, sendo um grande escritor universal, homem do mundo que vivia em Espanha e se pronunciava amiúde sobre os grandes temas da atualidade, quando em conversa improvisada se referia à sua casa, não era da casa onde vivia que falava, mas da casa onde pertencia. A sua casa.

A nossa casa.

Porque José Saramago, cidadão do mundo e escritor universal, é nosso; nosso, da lusofonia. A sua casa, a verdadeira identidade que o moldou e fez dele o que ele foi, é afinal a língua portuguesa.

PUBLIQUE O SEU LIVRO!
Com a Usina de Letras você pode.
Nós trabalhamos em parceria com novos autores.
Envie o seu material para uma avaliação
para o e-mail:
editora@usinadeletras.com.br

Este livro foi composto em Minion Pro para
a Editora Usina de Letras em julho de 2010.
1ª edição, tiragem de 5.000 exemplares.